मेरी पहचान

साक्षी सिंह परिहार

Copyright © Sakshi Singh Parihar
All Rights Reserved.

This book has been published with all efforts taken to make the material error-free after the consent of the author. However, the author and the publisher do not assume and hereby disclaim any liability to any party for any loss, damage, or disruption caused by errors or omissions, whether such errors or omissions result from negligence, accident, or any other cause.

While every effort has been made to avoid any mistake or omission, this publication is being sold on the condition and understanding that neither the author nor the publishers or printers would be liable in any manner to any person by reason of any mistake or omission in this publication or for any action taken or omitted to be taken or advice rendered or accepted on the basis of this work. For any defect in printing or binding the publishers will be liable only to replace the defective copy by another copy of this work then available.

मेरी पहचान

~साkshi singh parihar??

क्रम-सूची

प्रस्तावना

प्रस्तावना

Enter Caption

प्रस्तावना

भूमिका

मैं एक सत्रह साल की लड़की हूँ।
साक्षी ससिंह परिहा मैं रीवा मध्य प्रदेश की रहने वाली हूँ। मूल रूप से मैं एक उभरती हुई कवययत्री और लेखिका हूं, आशा है करती हु आपको
मेरी कविताएं पसंद आएगी आज मैं जो कुछ भी हूं वह मैं अपने परिवार की वजह से हु और सबसे महत्वपूर्ण अपने भाई की वजह से हु। मैं किताबो की
उत्सुक पाठक हूं और उन किताबो को पढ़ना पसूंद करती हूं जो देश के इतिहास को दर्शाती हैं। मैं हमेशा से ऊर्जावान और जीवंत राही हूं। मैं लोगों के बारे में बहुत कुछ सीखने की कोशिश करती हूं ।मैं जानती हु की मैं परफेक्ट नहीं हूं और मैं कभी बनने की कोशिश भी नहीं करती लेकिन एक बात सच है की मैं जो हूं वह हूं।

साkshi Singh Parihar

पावती (स्वीकृति)

Copyright © Sakshi Singh Parihar
All Rights Reserved.

<Meri pehchan>

मेरी पहचान

This book has been published with all efforts taken to make the material error-free after the consent of the author. However, the author and the publisher do not assume and hereby disclaim any liability to any party for any loss, damage, or disruption caused by errors or omissiomissions result from negligence, accident, any other cause.

While every effort has been made to avoid any mistake or omission, this publication is being sold on the condition and understanding that neither the author nor the publishers or printers would be liable in any manner to any person by reason of any mistake or omission in this publication or for any action taken or omitted to be taken or advice rendered or accepted on the basis of this work. For any defect in printing or binding the publishers will be liable only to replace the defective copy by another copy of this work then available.

आमुख

सूची

आमुख

- बंधन
- बेरोजगारी
- कन्या भ्रूण हत्या
- गरीबी
- जाती और धर्म
- अभी थकी नही हु मैं
- जिंदगी आसान नही
- जय जवान
- सड़को में बीत रहा बुढापा
- मूर्ख कौन हुआ?
- किताब सी जिंदगी
- मेरे पापा
- अनोखा बंधन
- आगे बढ़ना है
- तमन्ना
- मां
- देश की शक्ति किसान
- चुप्पी
- कौन हु मैं

बंधन

यें कैसा है बंधन ना हसने देता ना रोने देता
दो पल चैन की सांस ना लेने देता
समाज की जंजीरों में कुछ यूं जकड़ सा गऐ हम,
की अपने लिए जीना भूल सा गऐ हम
यें कैसा है बंधन
ना हसने देता ना रोने देता
ना जाने किस समाज की चिंता का बोझ ढो रहे हम
जिसे न हम जानते, ना वो हमें
फिर भी जिंदगी का एक अहम हिस्सा सा बन गया
दो पल अपनी खुशी के लिए जी भी न पाए
यें कैसी जिंदगी जो दिखावे से शुरू और उसी पे खत्म
यें कैसा है बंधन
जो बेटी को उसकी आजादी दे ना पाई
गरीबों को उनका हक लौटा ना पाई
आखिर यें कैसा है बंधन
जो हमें चैन से दो पल जीना भी न सिखा पाई ।

~ साkshi singh parihar

बेरोजगारी

बेरोजगारी ने हम को परेशान किया है।
पढ़े लिखों ने भी सड़कों को जाम किया है
नौकरी के लिए तरसते युवा हैं
दर-दर ठोकरें खाते युवा है
जाने कितने जतन किये है
कितने एग्जाम पास किये है,
एक न काम ये आये,
नौकरी की चाहत में हमने,
उम्र काट दी सारी।
हाय ये बेरोजगारी, ये बेकारी और लाचारी
देखे थे हमने कितने सपने, त्यागें सारे शौक तो अपने,
दिन-रात एक करके,
अब तो जैसे हम हार गए है,
कितने हम बेकार हो गए है,
हर बार फॉर्म भरते भरते,
हम तो अब कंगाल हो गए है।
लगता है लुट गयी सारी खुशियाँ हमारी ।
उन्नति नहीं होती है केवल,
करने से शिक्षा का प्रसार और प्रचार,
मिलता नही अर्थ जिससे मानव को,
हो जाती वो शिक्षा बेकार ।

शिक्षित समाज में अगर,
एक युवा है बेरोजगार,
रुक जाती है समाज की प्रगति,
होता नही फिर उसका उत्थान।
हाय ये बेरोजगारी,
ये बेकारी और लाचारी।

~ साkshi singh parihar

कन्या भ्रूण हत्या

पूजा अर्चना कर देवी मां से वरदान है मांगते
इधर कोमल से बेटियों का घात है करते
मां मोम सा कोमल मन तेरा,
कैसे पत्थर का हो गया
अभी तेरे गर्भ में आई ही थी,
कैसे वध मेरा हो गया
जिसे तूने अपने खून से सींचा,
क्या मैं वह क्यारी ना थी
होगी सभी को बेटे की आस,
पर क्या मैं तुझको प्यारी ना थी
बेटे से क्यों मोह है इतना,
मुझसे मां क्यों इतना डर
अपना लूंगी मैं भी तो मां,
तेरे सारे दुख और दर्द !
क्यों दुनिया में आने से पहले
मेरी दुनिया उजाड़ देती है तू
अपने ही कोख में पल रही
नन्ही सी जान का गला घोट देती है तू
सुना है मैंने दयामय है भारतीय संस्कृति
फिर कैसे हो जाती है इनकी दानवभरी विकृति
तुम मेरी हत्या ऐसे ही करते रहोगे

तो कल कहां से लाओगे एक बहू
मारकर मुझे तुम बच ना पाओगे
भगवान के घर जाकर क्या मुंह दिखाओगे ?

~ साkshi singh parihar

गरीबी

यू बचपन बिता दिया मैंने तेरे आंचल में
दुनिया के लिए तू अभिशाप है,
पर मेरे लिए तू वरदान से कम नही
तेरा होना जिंदगी का सबसे बड़ा सबक है
लोगो के लिए जो सामान्य होता,
मेरे लिए अरमान हुआ करता था ।
कुछ यूं बिता दिया मैंने अपना बचपन तेरे आंचल में
दिल में ख्वाइशें हजार हुआ करती थी
पर तेरा वजूद भी झुठला ना सकती थी ।
बाकी बच्चों को देख मेरा दिल भी मीठी गोलियां खाने को मचलता था,
मां के बार बार पूछने पर भी ना जाने क्यों,
जवाब हर बार ना ही निकलता था ।
ना जाने कौन से असमंजस में थी मैं
जो चाह कर भी मौन हो गई।
यू बचपन बिता दिया
मैने तेरे आंचल में ।

~ sakshi singh parihar

जाति और धर्म

लड़ रहे लोग सब, पूछ पूछ कर जात
राम, खुदा हैरान हैं, नाजुक हैं हालात ।
जात-पात और ज्ञान मान का मत करना अभिमान
मानव जात है इंसान धर्म की चाहे पढ़ ले गीता या कुरान ।
सोच-सोच के समझ ले यारा अपनी राह पर हक है तुम्हारा हार है तेरा अपना वरदान कर्म से तेरा हो सम्मान | जात-पात और ज्ञान मान का मत करना अभिमान
जन विकास में सदाचार का सदैव हो सम्मान ||
जात पात और ज्ञान मान का मत करना अभिमान ।
ये रंग तेरा वो रूप मेरा क्या
ये ही है पहचान ?..
मानव जात है इंसान धर्म की चाहे पढ़ ले गीता या कुरान... !

~ साkshi singh parihar

अभी थकी नही हु मैं

मुश्किलें जरूर है,
मगर ठहरी नही हूँ मैं।
माना मंजिल दूर है,
पर नमुमकिन तो नही
माना की थोड़ा थकी हूँ मैं,
पर अभी हारी नहीं हूं मैं
खुद की तरह हूँ मैं अभी
दुनिया की तरह खुद को
संवारा नही है
जीतने का सपना नहीं,
जिद्द है मेरी
कदमो को बाँध न पाएगी,
मुसीबतों की जंजीरे
रास्तो से जरा कह दो, अभी भटकी नहीं हूँ मैं
हारना और हार मानाने मे,
फ़र्क होता है
दुनिया में हर इंसान का
अपना वक्त होता है।

~ साkshi singh parihar

जिंदगी आसान नही

नहीं कहूंगी आसान है जिंदगी
सब्र कर मगर एक इम्तेहान है जिंदगी,
कहानी तू ने लिखनी है अपनी
ये तो केवल भारी पन्नो की
एक खाली किताब है जिंदगी,
सब तो तेरी कहानी के चुनिंदा किरदार है
नए नए अध्याय को लिखते वक़्त,
पुराने पन्नो पर ये कही छूट जायेंगे,
जीवन के नए अध्याय को लिखते वक़्त
कुछ नए किरदार आएंगे,
कलम तेरे हाथों में होगी
हाथ मगर कभी कभी कपकपाआएंगे,
स्याही मगर जब तक खत्म न हो जाए,
अंत तक जीवन के उन आखिरी पन्नो को,
बेहद खूबसूरती से लिख कर जाएंगे...!

~ साkshi singh parihar

जय जवान

बुझ गयी वो ज्योत,
जो तुम्हारी रक्षा के लिए,
माँ ने जलाई थी,
अंदर तक झंझोर कर रख दिया मुझे,
जब सुबह तुम्हारा खत नहीं बल्कि,
दरवाज़े पर तिरंगे से लिपट कर मेरी जान आयी थी,
कैसे कहेंगे पापा से,
उनका बेटा न फिर कभी लौट कर आएगा,
बाबा का तो ये सुन कर ही हौसला डगमगा जाएगा,
बहन ने कब से थाल सजाये रखी थी,
आएगा मेरा लौट कर बस यही उम्मीद बनाए रखी थी,
भाई ने तो तुम्हे इस बार स्टेशन से लेकर आने की,
ज़िद लगाये रखी थी,
तुम नहीं आये,
घर तुम्हारी ये आज वर्दी आई है,
दे रही है खबर कैसे तुमने,
अपने वतन के लिए,
अपनी जान गवाई है,
उन गद्दारों ने तो पीछे से वार किया था,
तुमने तो भारत माता पर कोई आंच न आये,
इसलिए खुद को बॉर्डर पर तैनात किया था ..!

~ साkshi singh parihar

सड़को पे बीत रहा बुढ़ापा

जब जब सड़कों पर बूढ़े माँ बाप को
देखा पाया है,
ज़ेहन में मेरे बस एक ही,
सवाल आया है,
कैसे माँ बाप ने अपने हिस्से,
की हर ख़ुशी को,
ऐसे बच्चों पर निश्वार्थ लुटाया होगा,
जब माँ दरवाज़े पर घंटो,
बेटे का इंतज़ार किया करती थी,
कितना दुखा होगा मन उनका जब ऐसे ही बेटे ने अपनी माँ को,
अपने घर से निकाला होगा,
माँ बाप को ऐसे हालात में,
छोड़ कर कैसे कोई बेटा चला जाता होगा,
तेरा झूठा आता हूँ कुछ देर में कहना,
माँ बाप का दिल फिर भी तेरे आने की,
उम्मीद लगाता होगा,
बूढ़े माँ बाप की लाठी,
अंधी आँखों का सहारा बनेगा,
माँ बाप तेरे बारे ऐसा सोचते होंगे,
सासें तो तेरे बगैर भी वो लेते होंगे,
रोज़ मगर तेरे इंतज़ार में,

अंदर से मर जाते होंगे...!

~ साkshi singh parihar

मुर्ख कौन हुआ?

सत्ता दबोच देंगी आवाज़,
सत्ता उठा फेकेंगी आम जनता को,
लड़ना बंद कर देता है,
मनुष्य जानता है,
इस नेता का लक्ष्य केवल,
देश पर शासन करना है,
मनुष्य इस डर से,
चीखना बंद कर देता है,
मनुष्य इस डर से अपने हक़ के लिए,
वो फिर भी ऐसे मुर्ख के हाथों में,
देश सौंप देता है...!

~ साkshi singh parihar

किताब सी जिंदगी

एक किताब सी जिंदगी मेरी...!
एक खुली किताब सी है ये जिंदगी मेरी,
जिस पर कहीं खुशी के पल,
तो कहीं गम लिखा है,
जिस पन्ने पर फिर भी जैसा लिखा है,
मैंने हर पन्ने को,
उतनी ही खूबसुरती से पढ़ा है,
कभी किसी सुबह कोई साथी मिला,
तो शाम ढले वो भी बिछड़ा है,
कभी किसी पन्ने पर खाली सी खामोशी कोई,
तो किसी पर शब्दों में दर्द छिपा है,
कागज़ बेशक पुराना सा,
मगर गत्ता आज भी नया सा है,
अब बस भरी भरी इस किताब में ढूंढ रही हूँ,
आखिर ये अंत लिखा कहां है ...!

~ साkshi singh parihar

मेरे पापा

मेरी छोटी सी ख़ुशी के लिए
सब कुछ सेह जाते हैं पापा,
प्यार का सागर ले आते
फिर चाहे कुछ न कह पाते
बिन बोले ही समझ जाते
दुःख के हर कोने में
खड़ा उनको पहले से पाया
पूरी करते हर मेरी इच्छा ,
उनके जैसा नहीं कोई अच्छा,
मेरी हर सिसकियों में
अपनी आँखों को भिगोय
मम्मी मेरी जब भी डांटे,
मुझे दुलारते मेरे पापा,
पापा हर फ़र्ज निभाते हैं,
जीवन भर कर्ज चुकाते हैं ।
मेरी एक ख़ुशी के लिए,
अपने सुख भूल ही जाते हैं ।

~ साkshi singh parihar

अनोखा बंधन

थोड़ा सा बचपना है
तो उससे कहीं ज्यादा समझदार हो गया है
मुझे हमेशा तंग करने वाला बंदर
आज कितना बड़ा हो गया है
मौसी का लाडला, मेरा हीरो
आज थोड़ा सा बदल गया है
हमेशा नखरे करने वाला
आज जनता का जिम्मेदार नेता बन गया है
मेरी छोटी छोटी गलतियों पर
ज्यादा डटने वाला बंदर
सबके सामने शांत बनने लग गया है
मगर तू ही मुझे सबसे प्यारा है
तू है तो लगता है कोई तो है
जो मेरी बेवजह फिक्र करता है
साया सा मेरे साथ चलता है
भाई तू ही तोह मुझे दुनिया में सबसे प्यारा लगता है
है तो बहुत से लोग पर
उन सब में सबसे खास तू है
हर सिचुएशन में मेरे साथ रहा
चलता जो मेरे साथ हर कदम है
मेरा भाई औरो से बहुत अलग है

मुझे हमेशा तंग करने वाला बंदर
बस थोड़ा सा बड़ा हो गया है।।।

~ साkshi singh parihar

आगे बढ़ना है

तू न थका है कि फिर हिम्मत कर तुझे और चलना है क्या हुआ जो तू है अकेला मत लड़खड़ा तुझे और चलना है

जीवन पथ मुश्किलें डगर डगर की तुझे और गिरना सम्भलना है तेरा साथी तेरा अकेलापन है कि मुस्कुरा तुझे और चलना है

ग़र मंज़िल नज़रों से धुँधला जाए तो आँखें मीच कर तुझे बढ़ना है। थपकी देकर स्वयं सो जाना की मन्ज़िल दूर है तुझे और चलना है

तेरा पंथी तू स्वयं है खुदका सारथी बन तुझे ही अपनी राह बनाना है रोना मत किसी गड्ढे में गिर कर आँसू पोछ की तुझे और चलना है

~ साkshi singh parihar

तमन्ना

बस इतनी सी तमन्ना है, कि तेरे रंग में रंग जाऊ...
 तू मुड़े जिस भी राह में, मै उस राह में मुड़ जाऊ ..!
 तू चले मुशाफिर बन कर,
 मै उस सफर में हमसफ़र बन जाऊ ..!!
 बस इतनी सी तमन्ना है,
 कि मिलूं तुझसे और मै तेरी बन जाऊ ..
 मैं कश्ती
 तुम किनारा हो मैं भटकी हुई मुसाफ़िर
 तुम ध्रुवतारा हो हर पल
 मुझे ठोकरो से बचाये तुम वो हो!

~ साkshi singh parihar

मां

मां को मैंने..... रोते देखा,
हंस्ते देखा,
ख्वाहिशों पर ताला... कस्ते देखा।
रातों को जागकर हमारी ख्वाहिशें पूरी करते देखा
मेरे छुटपुट से, सब ख्वाबों को,
उसकी आंखों में... बस्ते देखा
खुशियों की तो यह है मोती,
मां की आंखों में करुणा की ज्योति
रिश्तों को ये संजोए रखती,
सारे दर्द खुद ही सह लेती
अपनों पे जब संकट आती है
मौत से भी लड़ जाती है।

~ साkshi singh parihar

देश की शक्ति किसान

जिस मिट्टी को पूजते हैं हम उसका रखवाला किसान यह भारत है मेरे यार....इस देश की जान है वो!
तक्षशिला, नालंदा, विश्वगुरु के नाम से जिसे जाना जाता है। आज यही भारत पी.आई.एस.ए. की रैंकिंग में सबसे नीचे आता है !
सेकुलर देश के नाम से पूरी दुनिया में अपना परचम लहराता है वो अलग बात है की...
कोई केसरी पे तो कोई हरे पे अपना हक़ जताता है!
बेटी बचाओ बेटी पढ़ाओ का नारा यहाँ सुनाया जाता है
फिर भी हर रोज़ एक नई निर्भया का सर झुकाया जाता है!
यूँ तो योग गुरु होने पे खुशी से अपनी आँख मटकाता है
फिर क्यूँ ये सबसे प्रदूषित देश देख के अपना मुंह छुपाता है!
कहने को तो "युवा ही शक्ति युवा ही देश है "
सच तो यह है जनाब बेरोजगारी ही यहाँ का सबसे बड़ा क्लेश है।
एक सौ तीस करोड़ की आबादी के साथ यह शान से खड़ा है
"सेक्स इज स्टिल ए तबू" मानके ना जाने किस ज़िद्द पे अड़ा है.
हिपोक्रेसी तो मानो यहाँ कूट कूट के भरी है... क्यूँकि यहाँ घर की इज़्ज़त अपने बच्चों की जान से ज़्यादा
हाँ मैं इस भारत से हूँ ओर ये मेरी शान है...
मगर खामियां बताना ज़रूरी है क्यूँकि इसका युवा ही इसकी पहचान है।

मुझे अपने भारत पर गर्व है का निबंध तो सब लिखते हैं मगर खामियां बताकर उसपे काम करना सिखाते तो आज बात कुछ और होती

~ साkshi singh parihar

चुप्पी

कभी मेरे दिल का हाल भी जानने की कोशिश तो किया करो
कभी मेरे सर पर भी प्यार से हाथ फेरा करो ना मां
चाहे जैसी हू मै मुझे भी अपनापन का एहसास दिया करो ना मां
माना नही हु मै आप जैसी पर जैसी हू
मुझे उसी हाल में स्वीकार करो ना मां
नही हु मैं अच्छी थोड़ी कमियां है मुझमें
कमियों के साथ ही स्वीकार करो ना मां
तेरी ही खोख का अंश हु थोड़ा तो अपनापन का एहसास दिया करो ना मां।
आप जैसा चाहती हो शायद वैसी कभी बन न पाऊं मैं
क्युकी मैं अपने मन की राजा हु नही होती मुझसे दुनिया दारी
जो हु खुद को स्वीकारा है मैने तू भी मुझे स्वीकार ले ना मां
कभी मेरे लिए भी दो लफ्ज़ प्यार से बोल दिया करो ना मां
लाख कमियां हैं मुझमें पर मुझे ऐसे धुतकारा मत कर मां
थक चुकी हु लड़ लड़ कर इस जीवन को खत्म करने का जी चाहने लगा है अब
जीने की इक्षा जैसे खत्म सी हो गई है
चेहरे पर हंसी और बात बात पर लड़ना तो बहाना है असल में खुद का अकेलेपन छुपने का तरीका है
हो गई हो आप लोगों से इतनी दूर की खुद भी नही बता सकती की कभी लौट पाऊंगी या नही

कभी मेरा भी हाल जानने का कोशिश किया करो ना मां।।

~ साkshi singh parihar

कौन हूँ मैं?

एक मुस्कुराते चेहरे के पीछे,
रहस्यामयी किरदार हूँ मैं,
लोगो की नज़र में खुशमिज़ाज़,
मगर कई महीनो से,
बेवजह ही खुद से नाराज़ हूँ मैं,
जेहन में उतरा है ये सवाल आज,
आखिर कौन हूँ मैं?
जिस महफ़िल में जाऊं मुस्कुराती ही रहती हूँ,
दिल दुखता है किन बातों से मेरा ये,
मैं जमाने से कहाँ कहती हूँ!
खुद के ही सवालों में उलझ गयी
ज़िन्दगी मेरी,
जब आइना बताता रहा हकीकत मेरी.

~ साkshi singh parihar

www.ingramcontent.com/pod-product-compliance
Lightning Source LLC
LaVergne TN
LVHW051925060526
838201LV00062B/4680
* 9 7 9 8 8 8 6 2 9 8 7 8 9 *